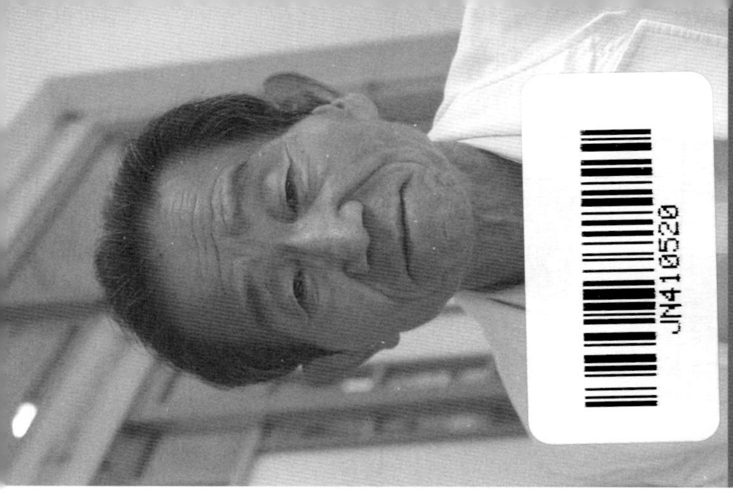

Kim Dong-Ho

시인 김동호

낙엽이 썩어 암실은 총천연색

김동호 시집

낙엽이 썩어 암실은 총천연색

시학 Poetics

■ 시인의 말

과년한 딸 미숙하지만 또 시집보낸다.
친정에서의 미숙은 숙명이라며 세상에 나가서
더 큰 사랑이 되라고 안 가겠다는 아이 억지로
떠밀어 보낸다. 시집詩集 보낼 때마다 느끼는 것이지만
보낼 땐 아쉬워도 보내고 나면 홀가분하다. 출판에
도움을 준 '포럼, 전통과 미래' 에 감사를 드린다.

2010년 10월
김동호

차 례

제2부 방충망 엘레지

제3부 지평선과 수평선

제4부 손바닥도 입입니다

제1부

봄이다. 각角을 세워라

밤꽃 아리아

춘향이 그네
높이 솟게 하는 것
불 아니다
바람 아니다

오월 단오
그녀의 이슬
하늘까지 밀어 올리는
밤꽃 향이다

속삭임 소리가 더 크다

'이상하다
춘향이 생각만 하면
속에서 밀물 소리가 난다
내 속이 바다가 되는 모양이다'

이 도령이 읽는 사서삼경엔
이런 구절이 자꾸 끼어들었다

'참으로 이상하다
도련님 생각만 하면
속에서 썰물 소리가 난다
나, 다 나가고 없게 되나 보다'

춘향의 삼경三更 수문繡紋에는
이런 소리가 자꾸 박혀 들었다

"자유가 아니면 죽음을 달라"
꿀벌들의 고함 소리가

백 리 밖까지 들린다

"사랑이 아니면 죽음을 달라"
꽃들의 속삭임 소리가
쪽문 안으로 숨어든다

그러나 멀리서 들으면
속삭임 소리가 더 크다

봄이다. 각角을 세워라

봄볕이 지극히
따뜻한 때문일까
땅속의 바람이
너무나 감미로운 탓일까
흙으로 살짝 덮었지만
뿌리 너무나 성해
화분花盆 터질 것만 같다
저러다가 저 항아리
영영 깨지면 어쩐다?

손을 써야 한다
당장 분갈이가 어려우면
만져라도 주어야 한다
뾰족한 호미나 꽃삽으로
잔뿌리에 상처 날 정도로
아프게 어루만져 주어야 한다

총각總角들아 무엇을 하느냐

각角을 세워라

지금이야말로

온 각을 세울 때이다

칠연가七戀歌

고대광실 높은 집
단숨에 잿더미로 만든 불 물론 크다
그러나 얼음도 화약인 양 확— 불붙는
그 불에 비하면

셋이서 간다. 둘만 가다가는
물불 가리지 못하는 큰불 일어날까 봐
얼음의 신神이 사이에 꼭— 붙어서 간다

소낙비에도 멀쩡한 옷이
가랑비에 속까지 다 젖었네

마침내 다다른 용궁
터질듯 부풀어 오른 풍선인데
넓은 넓은 초원이 안에 있네
고기들 한가로이 뛰노는 여울도 있네
초승달 쪽배에 앉아 있는 저 고기는?

해와 달의 둥지로다

요새마다 보호림이 있고
'연주聯珠가 연주演奏' 라
음양이 죽고 못 사네

드디어 불붙는 바다
바다가 타네. 태양초가 타네
해가 바다를 태우고 바다가 해를 태우네
죽자 사자 사랑하는 사람들은
사랑 모른다. 죽는 사람들이 죽음 모르듯

오래오래 죽었다가
다시 깨어나는 바다, 아 아침바다
만경창파 금물결 은물결이
뻗어 뻗어 떠오르는 해에 닿아 있네

태반

태아와 산모가
반반 투자해서 만든
두께 3㎜의
원반형 유한회사

공급을 담당하는
융모막絨毛膜과 배설을 담당하는
탈락막脫落膜이 주축이 되어
열 달 동안 금이야 옥이야
옥동자를 빚어내면
회사는 자동 폐쇄

우리 어머니들은
이런 아름다운 유한회사를
몸속에 지니고 다닌다

초승달이 보름달이 되는 동안

엄마 등에 업힌 아기

엄마 등에 업혀
깊은 오수에 잠겼다가
눈을 뜬 우리 아기

캥거루 육아낭 같은
이동침대가
우주침대였나 보다

푸른 하늘 은하수에서
세수를 한 듯
눈썹에 은하銀河가 묻어 있다

해님과 입맞춤도 한 듯
입술에 햇살이 묻어 있다

황소별자리에서
피리 부는 소년도 만난 듯
옹알옹알 옹알이 소리가
구름 위의 피리 소리를 닮았다

우리 아기는 코끼리 사자 거북이

우리 아기는
코끼리 사자 거북이
……그리고 부처님

많이 먹고 많이 싸고 많이 자고
맛있는 먹이 엄청 좋아하지만
배부르면 천하의 진미
입에 갖다 대도 거들떠보지도 않는다

엉금엉금 기어가지만
웃음 동산엔 토끼보다 먼저 도착한다

잠 안 올 땐 내 눈꺼풀에 올라앉아
무거운 무거운 새털이 된다

아가의 울음

아빠가
무서운 도깨비 가면을 쓰자
아가가 파랗게 질린다

그 가면 벗자 와— 운다

무서운 가면 다시 쓰자
울음 멎고 다시 긴장

가면 벗자 다시 와—

이상하다. 무서우면 울고
반가우면 웃을 줄 알았더니
반가워야 울음이 나오는 아기

안심이 돼야
울음이 나오는 우리 아기

할머니와 할아버지와 손자

젖먹이 아기가
할머니의 늘어진 젖을 보고
실실 웃기만 한다
아무리 배고파도
빈 자루에 입 댈 순 없다는 듯

손자와 할아버지, 붕어빵이다
엄살로 우는 것 입살로 웃는 것
모래집 짓다가 잘 싸우는 것
싸운 일 금시 잊어버리는 것—
아빠를 닮지 않았다
할아버지를 닮았다

잇몸만으로도 두 사람
등심 잘 뜯는다

벌레 소리 소나타

그녀, 서울특별시보다 더 컸다
그녀 떠나던 날 서울은 없었다
서울만한 무덤만 내 안에 있었다

울다 헤매다, 헤매다 울다
눈물이 이슬이 되는 새벽
별 총총
밝은 맑은 벌레 소리가
내 귀를 뚫고 들어왔다

'울지 마라
별빛 밝을수록 벌레 소리 맑고
벌레 소리 맑을수록 별빛 밝은 이유
그녀, 그곳에서 잘 알고 있으리니'

어떤 간병인

“피 검사 또 한다며 핏기 없는
우리 그이 피 많이 뽑아 갈 때
간담 서늘했지요”

“평소에 엄살 심한 그이가 그 큰
주사 바늘 맞고도 태연자약할 때
간담 또 서늘했지요”

“우주로 날려 보낼 듯
우주선 같은 CT관 속으로 우리 그이
쑥– 밀어 넣을 때 영영 못 볼 것 같아
또 간담 서늘했지요”

“전복 한 개면 소주 한 병도
게 눈 감추듯 하던 그가
맛있는 전복죽 앞에 놓고도 머리
푹– 떨구고 거들떠보지도 않을 때
간담 간담 또 서늘했지요”

간담 서늘이 쌓이고 쌓여 간경화
그래서 그니 남편보다 먼저 갔다
그 사실 뒤늦게 알고 오매불망
눈물로 지새우는 남편, 아무래도
부인 따라 곧 갈 것 같다

60조兆 세포

'우리 몸속의 세포들
순열이 조합을 부르고
조합이 순열을 부르고
춤이 노래가 되고
노래가 춤이 되고
조화가 창조를 낳고
창조가 조화를 낳고—
그 많은 작업 과정에서
갈등 마찰 슬픔 더러 일지만
그것은 똥, 별똥처럼
이내 사라지고 만다'

어느 날 내 몸속
60조 세포 중 하나가
이렇게 말하고 있었다

불면증

잡으려 하면
도망가는 잠
안달복달하면 더더욱
멀리 가버리는 면眠

올 테면 오고
말 테면 말라 했더니
콧대 높은 사랑
제 발로 기어 와
내 품에 폭— 안기네

소장小腸이 소笑― 하면

소장이 소笑― 하고 웃으면
신장이 길게 길게 기지개를 편다

비장이 하― 하품을 하면
대장이 바앙― 방사를 한다

아니 대청소까지!

웃음이 장 속 깊이 들어가
찌든 때 풀어 올리면
장 속 지하수가 스며 올라와
멀리멀리 그 때 실어 가 버린다

아침에 눈뜨면 벌떡 일어나
단전丹田에 힘 꽂는 호흡법이
건강의 비결이라고 하지만
눈 껌벅껌벅 누워 가까운 이웃의
웃음 짓는 얼굴 떠올리는 것도
좋은 좋은 건강법이다

누가 멀리 날까

겨울 동안 땅속
잘 다녀온 개구리와
대륙횡단 잘 마치고 온
철새를 번갈아 보며
구름 위의 아이가 묻는다

제비가 더 멀리 날까
개구리가 더 멀리 날까

"죽었다 깨어나도
나, 대륙횡단은 못한다"
개구리가 말한다

"땅 속으로는 나
한 치도 못 날아가요"
제비가 말한다

구름 사이로 헤—
웃는 얼굴 하나 보인다

씀바귀

상큼한 봄 내음
코로 입으로 넣어 주는
냉이 달래 고들빼기
물론 좋다

그러나 쓰디쓴
하얀 피
온몸에 돌고 있는
씀바귀가 나는 더 좋다

쓰지만
염소와 토끼 사슴 노루가
엄청나게 좋아하는 것
나도 엄청 좋다

뽀얀 젖 스며 나오는
꽃상추
고추장에 묻힌 것

생각만 해도
군침이 솔솔 난다

쌍곡의 물가에서

"풀과 나물을
어떻게 구분하나요"

"……………?"

"먹을 수 있는 풀과
먹을 수 없는 풀을
어떻게 구분하나요?"

"소가 먹는 풀은 다 먹어도 되오"

"먹을 수 있는 물과
먹을 수 없는 물은
또 어떻게 구분하나요?"

"뱀 개구리 물방개가 먹는 물은
다 먹어도 되오"

쌍곡双谷 맑은 물가엔 지금도
이런 대화가 물처럼 흐르고 있다

또 다른 신방

무르익다 못해 막—
썩기 시작하는 사과 속에서
초파리 한 쌍의
속삭임 소리가 들려온다

"요로코롬 달콤한 신방이
이 세상에 또 있을까"

제2부

방충망 엘레지

복덕방

떴다-방 높이 솟는다
김이최안정박金李崔安鄭朴 바쁘다 바쁘다
전 국민이 부동산업자인 이 나라
터줏님들 심기 많이 불편하시다
입주하자마자 이사 갈 궁리하는 사람들
돈 많이 주면 당장이라도 보금자리
버리겠다는 사람들. 이끼 낄 새 없이
굴러다니는 돌 돌 돌 돌

마침내 벼락 치는 소리 들린다
"돌들은 가라
내 눈에 띄지 않는 먼 곳으로 가라 가라
너희들이 안 가면 내가 가겠다"

그들이 안 가면 그분이 가시겠단다
돈독에 오른 돈豚들이 안 가면
복덕福德의 수호신께서 가시겠단다

슈퍼 하이퍼 아파트

현관에도 거울
침실에도 거울
부엌에도 거울
피아노-방에도 거울
홈-바에도 거울
서재에도 거울
거울 없는 방이 없다

아들 방엔 얼람 시계
딸 방엔 뻐꼬리 시계
엄마 방엔 뻐꾸기 시계
아빠 방엔 올빼미 시계
거실엔 거대한 불알시계
시계 없는 방이 없다

거울과 시계가 서로를
감시하고 있는 듯한 집이다

네 방엔 네가 없고
내 방엔 내가 없다

돈돈돈돈

추위 녹여 주고 더위 식혀 주고—
고마운 돈

집 지어 주고 다리 놓아 주고—
고마운 돈 돈

병 고쳐 주고 폐허의 땅 다시 일궈 주고—
고마운 돈 돈 돈

고층 건물 더욱 높게
호화유람선 더욱 호화롭게—
돈 돈 돈 돈

수술칼이 살인 칼이 되네
의사봉이 도깨비방망이가 되네
초록 별 찾아 가던 우주탐사선이
별들의 전쟁 잠수함이 되네
오천축국 찾아가던 혜초가

고대광실 높은 집, 금으로 메끼한
부처님 앞에 깊이깊이 무릎을 꿇네
돈 돈 돈 돈 돈—

개망초 언덕이로다
기생초 곤달머리 멀리 번지고
개망초 개불알 웃자라
미나리아재비들 어디로 가고 없다
미친개가 갈겨 놓은 뜨거운 비에
개비름만 번들번들
벌도 나비도 보이지 않는 땅엔
이름 모를 잡초들만 제 세상을 만난 듯
으쓱 으쓱대고 있다

거울 속의 달

입술엔 석류 알 빨간 빛을
눈썹 밑엔 어스름 달빛을
진하게 연하게 그려 넣고
그 화장 돋보이도록 랑콤 흰색
누런 얼굴 벽에 칠하고 칠하고
또 칠하는 엄마

떡잎이 새잎 되는 모습이
너무나 신기한 듯
거울 속 깊이 빠져드는 딸

"저러다가 저 달덩이 영— 영—
거울에 빠져 죽어 버리면 어쩐다?"

달덩이를 사랑하는 한 사내
거울 속 달이 밉다
거울 속에 갇힌 엄마의 달이
밉다 밉다 밉다 밉다

인공수정人工受精

꽃들
분단장 곱게 하고
벌 나비 꿀 입술
고대했건만
이게 웬일인가
복면한 아줌마들의
콧수염이라니!*

이 광경 멀리서 보고 있던
벌 나비들이 놀라
더욱 멀리 도망간다
깊은 산중으로

---

* 콧수염 같은 붓끝으로 인공수정 하는 과수원 아줌마들이 얼굴 탈까 봐 스카프로 얼굴을 완전히 덮고 있다.

백수白手 아담

"사랑도 쓸모가 있어야 해요
종자가 좋다든가
촛대가 튼실하다든가
자식들을 위해 기꺼이 죽는다든가
하다못해 위풍威風 재財가 된다든가
뭔가 쓸모가 있어야 해요
그렇지 않으면—"

서슬 퍼런 이브의 바가지에
백수白手 아담 비참하게 깨진다

"누가 사랑을 아름답다 했는가—"

무자식 상팔자들

사랑은 하되
결혼은 하지 않겠다는 사람들
결혼은 하되
자식은 낳지 않겠다는 사람들

섹스의 황홀, 살 속 깊이
뼛속 깊이 누리되
새끼 낳아 키우는 번거로운 일
힘든 일은 안 하겠다는 사람들
날로 늘어난다

자식 궁宮 일찌감치 걸어 잠그고
매일 밤 화려한 거리에 나가
새로운 신방에 신이 나는
무자식 상팔자들 날로 늘어난다

소원대로 되리라
저세상에 가면 편한 개 팔자
영원히 보장해 줄 분
기다리고 있으리라

러브호텔

사랑도 돈도 한 곳으로 몰렸구나
개기름 자르르 흐르는 곳마다
러브-호텔 들어서고
거품 없는 사랑일수록 거품이 넘쳐
유명 자살自殺들 줄을 잇네

물 위로 떠오른 유서 한 토막:

〈"헤엄을 알고 치는 사람이 어디 있냐
그냥 치는 거야"
"………"
"하다못해 자전거도 그렇잖아
처음부터 알고 타는 사람이 어디 있어
타다 보면 알게 되는 거지"
"………………"
"사랑도 마찬가지야"
"……………………"〉

뒷부분은 찢겨나가고 없다
찢긴 것일까. 찢은 것일까

햇빛 쏟아지는 벌판

사시장철 햇빛 쏟아지는
모래벌판에서
한 아이 울고 있다
차라리 먹구름이 그립다며

어머님 전 상서엔
이런 구절도 있었다
어머니, 만년필에서 자꾸
눈물이 나와요

보다 못한 먹구름 속
꽃구름이 한 방울 떨구고 간다

"우리의 삶
빛만으로 빛나지 않는다"

꽃이 가장 무서워하는 것

꽃이 가장 무서워하는 것은
이해관계가 무성한 땅이다

준 만큼 받지를 못했다며
이를 가는 사람들
받은 만큼 갚지를 못해
두려움에 떠는 사람들

공산주의 자본주의보다 더 무서운
give-and-take이즘의 뿌리가
거미줄처럼 얽히고설켜 정작
꽃의 뿌리는 흙에 닿지를 못한다

그 때문일까. 요즘 꽃바람 속엔
꽃들의 볼멘소리가 많다

‘흙이어야 한다’

“시는 흙이어야 한다
뿌리들 신이 나야 한다

시는 물이어야 한다
더럼 깨끗이 씻어내야 한다

시는 불이어야 한다
언 마음 녹여야 한다

시는 대기大氣여야 한다
공중의 양 떼들 포동포동
살찌게 해야 한다

시는 공空이어야 한다
빈 듯 가득
가득 차 있어야 한다”

그러나 시詩

다 도망가 버리고 없네

우리 이렇게 떠드는 사이에

식사

식사는 혼자 할 때도
함께하는 자 있어야 한다

가령 즐거운 생각
옆에 앉혀놓고
그와 대화하며 대화하며
먹어야 한다

그때만이 우리의 식사
주유소의 주유注油 안 된다

"이 세상에 먹는 재미보다
큰 재미가 있을까"
짐승들은 대개 이런 생각을 하며
식사를 하는 것 같다

"철 따라 새로 주는
오곡의 맛 궁합이 무궁하구나"

신선들은 대개 이런 생각을 씹으며
식사를 하는 것 같다

꿀 이야기

쿠웨이트 건설회사에 근무하는
후배 하나가 세계에서 가장 좋다는
쿠웨이트 꿀 한 단지를 보내왔다
이스라엘 성지 순례 다녀온 이가 역시
세계 제일의 꿀이라며 이스라엘
꿀 한 병을 사왔다

그러나 어떤 꿀이 더 좋은지
나는 구분을 못하겠다
둘 다 사막의 귀한 꽃에서
수도승 같은 꿀벌들이 귀하게
따 담은 것들이어서 꿀-이슬처럼
그저 맑고 달고 신선하기만 하다

꿀은 국익國益이나 시장경제로는
잴 수가 없는 것 같다

코브라 춤

"아무리 비틀어도
춤 나오지 않는다
사思가 사蛇이고
무舞가 무無인데
나올 춤이 어디 있느냐"

그러나 보아라
그 소리를 비트는 저 춤
아 코브라 춤

방충망 엘레지

파리 한 마리 방충망에 붙어
방 안 노려보고 있다

그러나 아무리 호시탐탐
혀 휘둘러도 숭어의 볼그레한
가슴살엔 미치지 못한다

아무리 두 손 비벼 대도
소금 뿌려 창가에 걸어 놓은
비릿한 젖은 살엔 닿지 못한다
그래도 포기하지 않는 그

히― 웃으며 방으로 들어와
신문 잡지 뒤적이다가
한참 후에 나가보니 그때까지
두 손 비비고 앉아 있다
"질긴 녀석" 혀를 차며 다시 들어와
K씨의 소설 '방충망과 법망' 읽다가

한 시간쯤 뒤에 나가 보니
그땐 가고 없다

그러나 적어 놓고 간 글귀 하나
“방충망에 갇힌 인간들 퉤—”

부엌칼 엘레지

한 달째 가뭄
미나리 밭의 미나리들
누렇게 떠서 다 죽게 생겼다
물이 한 곳으로 몰린
중앙 일부를 제외하곤

보다 못한 아낙이
부엌칼로 짙푸른 중앙을
확— 베어 버린다

이튿날 아침 식탁엔
미나리나물 오르고
상큼한 봄 내음 집 안 가득하다

미나리 밭에서도 새순들
중앙에 예쁘게 다시 솟고
변두리에서도 새록새록
새싹들 숨 쉬는 소리 들린다

“부엌칼과 핵무기가 싸우면
누가 이길까”

오늘 아침 우리 식탁엔
이런 화두가 올랐다

동막골 사람들

무명옷 입고
개구리참외 먹으며
대홍수에도
물새 같은 쪽배 띄우는
동막골 사람들
태풍에도 태평가 부르네

부귀영화
누가 훔쳐갈까 봐
전전긍긍하는 대마도大魔都 사람들
신출귀몰하는 대도大盜
언제 쳐들어올지 몰라
밤에도 눈을 뜨고 자네

사랑은 동사動詞

그것은 영혼의 호흡 같은 것

주고받는 물건 아니다

준 만큼 받겠다고
악을 쓰는 사람들 볼 때마다
안 봤지만 끝장 보는 듯하다

자신을 위한다 위한다 하면서
평생 자신을 들볶다 가는 사람들

죽은 뒤에 보면
혼이 퍼렇게 멍들어 있다

젖가슴 엘레지

여성잡지 남성잡지 쇼핑몰
광고지에까지 등장하는
엄마들의 요란한 젖가슴
물끄러미 바라보던 아가가
옹알옹알 모유어母乳語로 말한다
"이상하다. 왜 어른들은 우리
밥통을 갖고 저렇게들 난리일까"

"참말로 이상하다.
만물이 젖인데 어른들은 왜들 그러실까.
꼭지에서 피가 나는데도
유두乳頭복숭아만을 찾네"
어린 왕자의 소꿉친구 한 소녀가
안타까운 듯 말을 받는다

"밀로의 비너스 같은 원뿔형 가슴
높이 세우고 만년 소녀처럼 웃음 많던
그 여우女優 말년엔 많이 울었지요.

그들이 사랑한 것은 결국 사랑이
아니었구나 하면서" 소설가 A씨가
쩟쩟쩟 혀를 차자 시백詩伯 B씨가
허허 웃으며 농담반 진담반 말을 받는다
"절구통 몸매, 인절미 가슴이지만
순이 엄마가 더 큰 꽃이었지요.
먹구름 속 꽃구름이 늘 그녀를
따라 다녔으니까요"

"빵처럼 부풀어 오른 산보다는
찰떡처럼 찰진 산이 나는 더 좋아요"
결혼 상담실을 찾은 한 청년이
진담반 농담반으로 말한다
순이 엄마의 아들이다

제3부

지평선과 수평선

그림과 사진

사과를 그리라고 했더니
도화지를 온통
빨갛게 칠해 놓은 아이

사과의 빨간 빰에 취해
사과의 눈 코 입 귀를
잠시 놓친 것이다

장님이 그린 코끼리 그림이라며
선생님께 야단 많이 맞았지만
카메라로 그린
선생님의 그림보단 나은 듯
아이의 빰이 날로 사과를 닮아 간다

선생님의 얼굴은 사진 속
코끼리처럼 갈수록 누레지는데

지평선과 수평선

찰랑대는 여울물에 누워
흥겨운 물놀이, 짜릿한 짝짓기
즐거운 먹이 사냥하며
태평세월 구가할 수도 있으련만
험한 물길 오르고 오르고
또 오르는 고기들

종국에는 먹이도 물도 없는
죽음의 샘에 이르지만
오름 멈추지 않는 모천母川의 고기들

물은 밑으로 밑으로 흘러
수평선 넘는 하늘이 되고
고기는 위로 위로 올라
지평선 넘는 하늘이 되는가

하늘과 땅이 맞닿아 있는 선을
지평선이 가고 있네

하늘과 바다가 맞닿아 있는 선을
수평선이 가고 있네

지평선과 수평선이 맞닿아 있는 선을
이름 모를 고기알들이 가고 있네

초식동물과 육식동물

몸집 큰 동물들은 초식을 하고
몸집 작은 동물들은 육식을 하고－
왜지?

코끼리 소 말 돼지－
만일 이 큰 짐승들마저 육식을 하면
올챙이 한 마리도 살아남지 못할까 봐?

늑대 여우 독사 매－
만일 이 작은 금수들마저 초식을 하면
질경이 한 뿌리도 남아나지 않게 될까 봐?

모를 일이다
어쨌거나 썩은 고기까지 곰삭은 젓갈인 양
맛있게 먹어 치우는 솔개 같은 친구들이 있어
걸판진 남국의 땅도 늘 깨끗한 것이다

사자들이 집채만 한

코끼리를 눕혀 육초肉草 맛있게 뜯고 있다
산 너머엔 집채만 한 코끼리들이 떼로 모여
끝없는 초원의 풀 끝없이 뜯고 있다

어느 쪽 팔자八字가 더 좋을까
하늘에서 비 한 번 내리면 온 들판이
곡창이 되는 저 몸집 큰 짐승들과
졸깃한 살 빨간 넥타와 함께 맛있게 맛있게
뜯고 있는 저 몸집 작은 짐승들과—

홍어와 토마토

홍어와 토마토는
출신 성분이 완전히 다르다
하나는 바다, 하나는 육지
그런데도 형제처럼 닮은 데가 많다

여름날 싱싱한 홍어, 하루 이틀
보리 짚에 묻어 약간 썩혔다가
김치 돼지고기와 함께
막걸리를 부르면
입 속은 삼합三合의 향연이 된다

한여름 시퍼런 토마토
익기 전에 따다가
뒤꼍 툇마루에 쌓아 놓고
다른 일에 바빠 며칠 잊다 보면
발그레 볼이 익어
밭에서 익어 온 것들보다
더 맛이 있다

오늘은 말복
차가운 장판 바닥에 누워
막바지 더위 선풍기로 날려 보내다가
그래도 달려드는 놈 있으면
홍어 토마토에 막걸리를 불러
신삼합新三合으로 찜통더위 아예 녹여 버린다

잠자리와 비행기

이마 속에 눈이 있고
눈 속에 이마가 있다

아무리 강한 바람도
레실린으로 접으며 간다

항상 날개를 펴고 있다
잘 때도 날개를 펴고 잔다

닮은 것은 또 있다
아이들이 무척 좋아한다
잠자리를 보면 "자리야 놀자"
소리치며 뒤따라가고
비행기를 보면
"떴다 떴다 비행기 우리 비행기"
소리치며 깡충깡충 뛴다

그러나 다른 점도 많다

잠자리 날개는 얇은 망사로 되어 있는데
비행기 날개는 투박한 금속으로 되어 있다

비행기는 연료 탱크가
돈지갑처럼 옆구리에 달려 있는데
잠자리는 온몸이 연료 탱크이다

다른 점은 또 있다
비행기는 아무리 커도 우리가 만드는데
잠자리는 아무리 작아도 우리가 만들 수 없다
그런데도 비행기 값은 하늘만큼 높고
잠자리 값은 무인지경으로 낮다

호박 넝쿨과 뱀*

잡초 우거진 대로변에 누가 심어 놨는지
호박 넝쿨 하나 기세 있게 뻗어 가고 있다
거센 잡초들도 그의 기세는 어쩔 수 없는 듯
허리 굽혀 머리 굽혀 그의 뻗음 받쳐 주고 있다

갑자기 뱀 생각이 난다
이런 음습한 곳에 잘 나타나는
윤기 자르르 흐르는 긴 몸의 그. 이 계절
기세 싸움에선 단연코 그가 으뜸인 때문이리라

그러나 그도 호박 넝쿨 앞에선 어쩔 수 없으리라
뜨거운 한낮 넓은 호박잎 그늘 밑에 엎드려
잡초들과 더불어 호박 넝쿨의 기세 받쳐 줄 것 같다

바로 이 순간, 잡초 사이로 홀연히 나타난
뱀 한 마리! 얇은 입술, 까만 눈, 날름거리는 혀

---

* 1994년 7월 수리산 슬기봉 자락에서 있었던 일.

무엇인가 열심히 설하고 있다. '무슨 설說일까?'
발길 멈추고 가만히 귀기울여 본다

'짜리 몽땅 개구리 들쥐들 겁주며 긴 내 몸
뽐냈더니 내 길이 수십 배 긴 형님 여기 있네
아무리 독침을 쏴도 끄떡 않는 성님
녹색의 피 나는 듯 금시 몇고 와— 저 괴물
저 길이가 작어서 아직도 신장身長 키우고 있는가'

뱀과 고속열차

고속열차와 뱀은 닮은 데가 많다
둘 다 가늘고 길다. 그리고 빠르다.
때론 골짜기 기어가는 벌레처럼
느리게 보일 때도 있긴 하지만

그러나 둘은 다르다. 많이 다르다.
일사유사시, 하나는 번개처럼
지하로 잠입, 임전태세에 들어가지만
또 하나는 흉측한 죽음의 토막이 되어
헤벌렁 들판에 나뒹그러진다

태을봉에 올라 광명역 지나는
고속열차 보고 있으면 2005년 4월
일본 효고兵庫 현에서 있었던
고속열차 대참사가 보이는 듯하다

풍어豊漁와 흉어凶漁

풍어豊漁
지천으로 흔해서
똥값이지만
씹을수록 달다
높은 영양가가 씹히고
새로운 풍미가 씹히고
깊은 은혜가 씹히고—

흉어凶漁
귀하고 귀해서
부르는 것이 값이지만
씹을수록 쓰다
발악이 씹히고
하소연이 씹히고
절손絶孫의 독이 씹히고
식도락가들의 거드름이 씹히고
고가품 가짜가 씹히고—

땀과 향수

약간 큰 신발도 땀에 젖으면
착― 달라붙는 알맞은 신발이 된다

약간 조이는 신발도 땀 한번 돌고 나면
자그시 껴안는 알맞은 신발이 된다

천정배필 찰떡궁합 자랑하더니
왜 십 리도 못 가서 발병이 나느냐

높은 산 오를 때 장거리 달릴 때 우리 몸
가뿐하게 하는 것이 향수냐 땀이냐

꽃망울 벙글게 하는 것이 땀이냐 향수냐

꽃들은 말한다
그들의 세포 속 깊은 샘에서 솟는 땀,
그것이 그들에겐 향수라고

창녀와 성자聖者

어떤 구멍을 파던
깊이만 파라
이기利己로 들어간 끝이
이타利他에 이르리니

헌법과 컴퓨터

헌법에 전문前文이 있듯이
컴퓨터에도 전문이 있다
'기계와는 논쟁論爭하지 마라'

무수한 논쟁論爭 위에 세워진 탑이
헌법인 것을 생각하면
헌법과 컴퓨터는 이 세상에서
가장 섞기 힘든 물과 기름이고
애기똥풀과 대못일 것 같다

그러나 조금만 안으로
들어가 보면 꼭 그렇지도 않다
물의 입자 속에 기름이 있고
기름의 테를 물이 두르고 있다

요즘 헌법학자들이 가장 즐겨
찾는 것이 컴퓨터 아닌가

대란과 대목

시골 큰댁
큰 마당에 차려 놓은
잔칫상에 대란이 났다
막바지 모기들의 극성이
이만저만이 아니다

그러나 주최 측과 불청객의
주장은 완전히 다르다

사람들은 대란大亂이라고 하는데
모기들은 대목이라 한다

소매가 길어지는 계절이다

물개와 석녀石女

물개가
얼음사탕 석녀를 만나더니
바다가 깨져
오색五色 칠색七色으로 부서지기 시작했다

물불 가리지 못하는 성性의 광풍狂風이
사랑의 꿈을 만나 프리즘이 된 것이다

석녀도 오색 칠색의 프리즘에
차돌 가슴이 깨지고
구중심처의 석류 알이 터져
옥색의 불꽃, 새록새록 울고 있었다
은빛으로 부서지는 물개 옆에서

로렌스의 긴 긴 로맨스 소설
'물개와 석녀石女' 의 이야기를 오늘밤
빛과 바람으로 이렇게 졸여 본다

정충情蟲과 시충尸蟲

호랑이가 예쁜 사슴을 보면
고산준령에서도 신이 나듯
정충들, 난자를 보면
망망대해에서도 신이 난다

솔개들, 죽은 사자를 보면
군침이 돌아 하늘 가르는 물살이 되듯
시충들, 시신을 보면 식욕이 돌아
달린다 달린다. 곰삭은 젓갈을 향해

철새와 철鐵새

7000km 장거리를
논스톱으로 달리는
주먹만한 크기의 철새를
철鐵새와 비교하지 마라
목숨을 건 대륙횡단과
컴퓨터 안전판으로 가는
대륙횡단은 다르다

돈지갑 허리에 차듯
연료 탱크 옆구리에 단 철鐵새와
온몸이 연료 탱크인
철새는 그 출신 성분이 다르다

철鐵새의 가슴속엔 기껏해야
강철 엔진 들어 있지만
철새의 가슴속엔
이 세상에서 가장 보드라운
하트heart 엔진 들어 있다

살을 태워 뼈를 태워
체중이 반이 될 때까지
시베리아 만주 벌판을 넘어
수천수만 리를 날아온
가창오리 떼가 천수만 하늘에서
천무天舞 그리는 것 보았다면
형아 아우야, 철새와 철鐵새를
같은 새로 보는 무례는 말자

낙엽수와 상록수

수리산의
낙엽수와 상록수들
나란히 나란히
혹은 기묘한 이탈로
도톰한 둔덕과 옴팍한
계곡을 덮고 오른다 오른다

관상수 정원수 버리고
야생초 야생화와 함께
활엽수 침엽수와 함께
난쟁이 관목들도 데불고
푸른 산 끝까지
그 넘어 끝 간 데 없는 데까지
오른다 오른다 오른다

상록수와 개구리

"내겐 계절이 없소
겨울도 내 속에 와선 여름이 되오
가을도 내 속에 와선 봄이 되오
철 따라 옷 바꿔 입을 필요 없오
땅속으로 이사 다닐 필요 없오.
추워 더워 내 안에서 녹이며 사오"

상록수가 이렇게 말하자
개구리가 큰 눈알을 굴리며 대꾸한다

"추우면 춥고 더우면 덥소
내 안의 온도는 따로 없소
아주 추우면 땅속에 들어가 살고
아주 더우면 물 위에 떠서 사오
내 안의 온도는 따로 없소"

그러나 보아라. 한여름 그늘 밑에서
서로를 식혀 주고 있는 저 뜨거운 포옹을

개구리와 철새

“남으로 가면 까만 눈망울들이 있지요
동으로 가면 푸른 심줄들이 있구요
서로 가면 엿가락 늘어지는 동화들이 있어요
북으로 가면 기기묘묘한 요술 집—
어딜 가나 내 집이지요. 동서남북이 다
내 집이에요”

철새가 동서남북의 시위를 당기자
개구리가 춘하추동의 과녁을 든다

“아가씨, 우리 이 봄, 방 깨끗이 치워 놓고
연초록 바람이나 됩시다. 사월의 남새밭처럼.
아가씨 우리 이 여름, 울창한 매미 소리 안으로 불러
태고의 숲이나 됩시다. 칠월의 칠보산처럼.
아가씨 우리 이 가을, 속 비워 속없는 피리나 됩시다.
시월 갈대밭 갈대 속처럼.
아가씨 우리 이 겨울, 깊은 깊은 샘에 빠져
뜨거운 지하수나 됩시다. 끈 떨어진 두레박처럼”

이렇게 구求― 애愛― 하면
아가씨가 호호호호 웃는다고 했다
아가씨의 이름은 춘하추동이라 했다

철새와 낙엽수

철 따라 보금자리 옮겨 다니는
철새들에겐 낙엽수가 가이드이다

상록수 믿다간 낭패 보기 일쑤이고
일기예보 믿다간 타 죽거나 얼어 죽기 십상팔구
해서 계절의 변화를 가장 적시에 알려 주는
낙엽수를 무척 좋아한다

무척 좋아하다 보면 연연戀戀한 아라리도 생기는 법
여름 철새들이 겨울 되어 남으로 갈 때 보면
추위 피해 도망가는 것이 아니라
"어서 오라" 고 손짓해 부르는 남쪽 낙엽수들의
연초록 새 품이 있기 때문인 것 같다

겨울 철새들이 여름 되어 북으로 갈 때도
더위 피해 도망가는 것이 아니라
북쪽의 낙엽수들이 연록의 새 옷 입고
견우가 직녀 기다리듯 직녀가 견우 기다리듯
눈 빠지게 기다리고 있기 때문인 것 같다

눈물과 웃음

바다의 염분이
고기들 뜨게 하듯
눈물이 우리를 뜨게 하네

허공虛空이 새들 날게 하듯
허허虛虛 웃음이
우리를 날게 하네

꽃과 종鐘

종은 하늘에 심은 꽃이고
꽃은 땅에 매단 종鐘이다

봄의 꽃동산에서
종소리를 들으면
꽃의 무한을 종소리가
전하고 있는 것 같다

높은 종루鐘樓에 올라 종을 치면
종소리의 무한을
발아래 무수한 꽃들이
전하고 있는 것 같다

두 소리의 끝이 맞닿아
아득히 하나 되는 자리

분명히 들리는 한 소리 있다
'꽃과 종鐘을 결혼케 하라'

제4부

손바닥도 입입니다

감자 바위, 원효元曉

바다 건너온 코 큰 친구야
썩는 바위를 본 일 있느냐

곱게 썩어 은백색 전분이 되는
바위를 본 일 있느냐

돌아가서 전하라
한국엔 그런 바위가 있다고

낙엽이 썩어 암실은 총천연색

낙엽이 썩어 흙이 되는 곳
흙이 썩어 새싹이 되는 곳 오래 보고 있으면
검은빛과 초록빛 맞닿는 선이 보이는 듯하다
땅 끝과 물 끝 맞닿는 선도 보이는 듯하다
무색투명의 물 한 방울과 짙푸른 바다
맞닿는 선도 보이는 듯하다

지난밤 태풍에 고목古木들 많이 쓰러졌다
그러나 어린 나무들은 오히려 더 튼실해졌다
흔들릴수록 깊이 박히는 여린 뿌리들이
지하수를 흠뻑 빨아 위로 위로 올려보내고 있다
위에선 지하수를 먹고 더욱 눈을 뜬 우듬지 새순들이
햇살을 함빡 빨아 아래로 아래로 내려보내고 있다

가장 아래서 가장 위에서 어린 것들이
퍼 올리고 퍼 내리는 모습 아 참으로 아름답다

오늘밤엔 왠지 불빛이 싫어 불을 끄고 홀로 앉아

어둠을 마신다. 캄캄한 방이 조금씩 훤해진다
책상 위의 종이가 보이고 연필이 보이고 지우개가
보이고
펼쳐 놓은 책들이 보이고 층층 절벽의 책장이 보인다
서쪽 하늘 등진 먼 산이 가까운 앞산보다 더 선명히
윤곽을 드러낸다

느리게 움직이는 별 하나는 철鐵새
사백 명이나 탑승한 대형 철새지만 한 점 빛으로만
보인다
그 쪽에서 이쪽을 보면 한 점으로도 보이지 않으리라
빛은 뿜어내고 어둠은 빨아들이는 것

어둠 속 이렇게 오래 달리다가 꿈의 열차로 옮겨 타고
또 달리다가 아침에 일어나 보면 암실은 총천연색,
빛으로
색色으로 가득 차 있다

천기누설 안팎

천기누설 보고 싶으면
비 오는 날 천둥번개 벼락 치는
금강산 만물상을 찾아가라

먹구름 쪼개는 번개 칼
와― 그 그림! 입은 닫히고
눈만 입만큼 커졌었다

살에 닿으면 치명적인 독사의 독이
위 장腸에 들어 고단백질이 되네
삶은 팥, 입속에선 단팥죽이더니
티눈에 올라앉아 하룻밤을 자더니
티-눈 뿌리 뽑아내는 극약이 되네

손등과 손바닥은 왜
합장 아닌데도 합창이 되는 것일까

밖과 안이 안팎이로 구나

여자의 곡선 속 직선과 남자의
직선 속 곡선이 한밤중에 만나
쨍 – 하고 햇빛을 일으킨다

하늘 그림을 보기 위해

생쥐 다람쥐 박쥐

다람쥐 쳇바퀴 돌리는 것
물끄러미 바라보던 생쥐가
이빨이 간지러운 듯 또 쫀다
“저들 가슴이 클까 머리가 클까”

그 소리 못 들은 것 아니지만
다람쥐, 못 들은 척 지나간다
“머리가 크면 가슴도 크다
가슴이 작으면 머리도 작다”
이런 빼드렁니 안 돋는 것 아니지만
갉는 힘으로 차라리 쳇바퀴
한 번 더 돌리겠다며

이 광경 멀리서 지켜보던 박쥐가
초음파 모음으로 한마디 한다
“다람쥐야. 너도 본本은 쥐니라
본적 잊지 마라”

눈물샘

나무들, 새 둥지 품고 살지만
새들의 하늘 여행은 모른다

초식동물, 풀과 붙어살지만
풀씨와 바람의 밀월여행은 모른다

누에와 고치 사이
가장 가까운 거리지만
행복한 누에들, 그 거리는 모른다

천체망원경으로 보는 지구
모래 한 알만 하다
전자현미경으로 보는 땀구멍
화성의 분화구만 하다

갑자기 들려오는 한 소리
"눈물샘서 솟지 않는 웃음은
웃음 아니지요"

소금

보석 중의 보석 다이아몬드가
어떻게 생성되었는지는 모르지만
소금과 같은 과정이 아니었을까 하는 생각을 한다
빛과 바람에 졸여지고 졸여지고 또 졸여지고
무한히 졸여져서 더 이상 작아질 수 없는
최대의 최소, 결정의 극치가 된 것이 아닐까 하는
생각을 한다

그러나 둘은 다르다
다이아몬드가 극소수의 보석이라면
소금은 온 누리의 보석, 이런 점에선 소금
오히려 별과 같은 것이 아닐까 하는 생각을 한다

가령 바닷물이 은밀히 스며들어 와
동식물의 생체나 오곡백과의
핵을 조성하고 있는 것을 조용히 살펴보면
염분은 지상에 널리 뻗어 있는 또 하나의 은하수만 같다

혹시 둘은 약속한 사이가 아닐까
하나는 하늘을 지키고 하나는 땅을 지키기로

옥수수

맨 바깥 포장은
갈색이 번진 초록색 천이다
바로 안의 포장은
누런빛이 약간 도는 초록색 천이다
그 안의 포장은 티 없이 깨끗한 초록
그 안의 포장은 연초록
그 안의 포장은 연두색
그 안의 포장은 미색
그 안의 포장은 온화한 살색－

궁금하기 그지없다
여왕의 보물도 이렇게 겹겹으로
싸지는 않았을 텐데－

마지막으로 특수 포장 하나 더 있다
보드라운 색실 다발이
구석구석 틈 사이를 메우고 있다

마침내 속!
선녀의 사랑니 같은 하얀 옥수수 알들이
나란히 나란히 줄 지어 서서
“우리를 잡수세요” 한다

정월대보름 호두

망치로 두들겨도 잘 깨지지 않는다
이빨로 앙— 물으면
이빨이 먼저 깨질 판

단단한 것도 단단한 것이지만
생긴 모양이 범상치 않다
기묘한 굴곡이며 미로 같은 곡선이며
머리만으론 기억하기 힘든 색상 무늬 음향들

바깥 구조만이 아니다. 안의 구조!
대뇌 소뇌의 칸막이가 이런 모습일까
캄캄한 속에서도 박쥐 날개 같은 가리개가 있고
칸칸이 들어 있는 각기 다른 모습의 향기로운 골산骨山들
골산 한 점 떼어서 어금니로 자그시 물어 보면
바다 밑 골반 속 향유香油가 스며 올라오는 듯
과핵중지인果核中之人의 희한한 맛

아무래도 이 속엔 능금 배 홍시의 맛으로는
짐작도 못할 맛의 구중궁궐이 들어 있는 것 같다

온달장군이 무쇠 이빨로 앙— 부셔서
평강공주에게 먹여 주었을
사랑의 핵 같은 맛이 들어 있는 것 같다

가을무 매운 맛

여름 무 싱거운 것
간 좀 배라고 그렇게도 일렀건만
들은 척도 않더니 시월 찬바람 일자
매운맛 어느새 들어와 있다
부추 매운맛과도 다른
고추 매운맛과도 다른
마늘 파 매운맛과도 다른
슴슴한 듯 시원한 매운맛
트림과 함께 넣어준 이는 누구일까

매운맛은 다른 맛으로 번져간다
온갖 야채의 맛, 구근의 맛, 오곡백과의 맛—
하나도 같은 것은 없는 먹어도 먹어도
물리지 않는 맛 맛 맛

갑자기 들려오는 한 소리 있다

"맛있게들 들어라. 맛있게 들지 않는 것 죄이다

저세상에 가면 그분이 가장 못마땅해 하는 것이
무엇인지 아느냐. 이 세상 맛없게 살다 온 것
잘 잘 놀다 오라고 그렇게도 정성 들여 만들어 준 99절판*을
음미는 하지 않고 침만 칠하다가 온 아이들 보면
사랑 많으신 그분도 버럭 화내시며 다시 살고 오라고
호통을 치신다. 그러나 맛있게 잘 먹고 잘 놀다 온
아이들 보면 흐뭇하신 듯 머리 쓰다듬으며 더 좋은
곳으로 데려가신다. 마치 천사들이 사랑의 그물로
예쁜 고기들 건져 더 좋은 바다 더 좋은 호수로 데려가듯"

* 1절판은 우리 보고 만들어 먹으라 했다.

손바닥도 입입니다

우리 몸속엔 입이 많다

소리를 먹는 입, 귀
그림을 먹는 입, 눈
냄새를 먹는 입, 코
오곡백과를 먹는 입, 입
배꼽 밑엔 사랑을 먹는 입도 있다

그러나 입이 많다고 한 것은
이들을 두고 한 말은 아니다
공기를 먹는 입, 기공氣孔
그 입이 우리 몸에 얼마나 많은지
그것을 아는 이는 아무도 없다
그러나 이보다 더 기묘한 입이 있으니
손바닥!

"칡뿌리 오래 씹듯
칡잎 오래 오래 어루만지면

손바닥에 백팔 개의 입入이 열린다
그 안으로 들어가면 땅 끝 마을이 보이고
좀 더 들어가면 황도십이궁이
꽤나 가까이서 보인다" 고 설說하는 이가
바로 귀 밑에 와 있기도 하다

두 청진기

"육 척 작은 집이지만
쉽게 망가지지 않는다
하늘땅을 빚은 손이
이 몸도 빚지 않았는가"

천체망원경이
뇌파와 전파 사이를
오가며 이렇게 말하자
젖꼭지 보드라운
집음부集音部가
가슴 여기저기를 꾹— 꾹—
눌러 보며 말한다

"어제오늘 생긴 병 아닌데요
내일 모래 나을 병 아닌데요
망가지는 데 걸린 시간만큼 아니
그보다 조금 더 걸리겠는걸요
오늘부터 낫는다 해도

눈에 띄게 좋아지기까지는

꽤나 걸리겠는걸요"

성분이 같다

사람의 입속에는
독을 녹이는 침이 있다
독사의 독도 침의 세례를 받아
장腸 속에 들면
지상 최대의 양약이 된다

만일 단종이 그가 받은 사약
인삼-녹용-부자를 바로 삼키지 말고
천천히 천천히 침으로 녹여 냈더라면
역사는 달라졌을지도 모른다

독을 마셔도 살만 쪘다는 달마대사처럼
사약을 먹고 오히려 신수가 훤해졌다는 기보에
아연실색한 수양대군, 권좌 대신
법당으로 달렸을지도 모르기 때문이다

그 침을 솟게 하는 것이
같은 입속에 살고 있는 말씀이다

침과 말씀, 정성定性 분석을 해 보면
천연 성분이 같다 한다

빨대

구십 노인이
빨대로 우유를 빨고 있다
다섯 살 아이가
빨대로 주스를 빨고 있다

헌혈차 안에서는
하얀 가운을 입은 여자들이
가는 쇠 빨대로 피를 뽑고 있다
어두운 숲 속에선 암놈 모기들이
그보다 더 가는 뼈 빨대로
피를 뽑고 있다

무르익다 못해
달콤하게 썩어 가고 있는
빨간 능금 위엔 초파리 한 마리
보일락 말락 가는 빨대로
홍옥의 피를 빨고 있다

그러나 이보다 더 가는
빨대가 있으니 육안으로는
볼 수 없는 미생물들의 빨대 빨대들

이렇게 굴러가던 생각이
'그분의 빨대는 얼마나 될까' 에 이르자
아연실색하고 만다

지금 내 머리 위엔
빛보다 더 가는 빨대로
내 정신의 피를 뽑고 있는 이
있는지도 모른다는 생각이
문득 들었기 때문이다

옹달샘 연가

산딸기보다 더 단 것이 박달산 멍석바위 위의 옹달샘 물이었다.
수안보 온천 뜨거운 물에 한 시간 동안 감금되었다가 풀려난
아이에게 엄마가 사 주는 대추 찰떡. 그보다 더 꿀맛, 월악산에서
길어 온 옹달샘 물이었다.

커서 서울에 와 보니 서울엔 더 많은 옹달샘이 있었다.
둘러보면 옹달샘 아닌 것이 하나도 없었다. 매일 새로 펼쳐지는
일상이 옹달샘이었다. 기린의 등에 앉아 진드기 잡아먹는 찌르레기가
옹달샘이었다. 악어 입속에 들어가 이 사이에 낀 고량 진미 음미하는
악어새가 옹달샘이었다. 뱀장어 입속 드나들며 '형님 좋고 아우 좋고'
콧노래 부르는 새우가 옹달샘이었다.

수놈 펭귄!
알 품고 있는 동안에는 먹지를 않아 체중이 반으로 줄어도
도적 갈매기 지켜보는 발간 눈 매섭기만 했다. 그 눈이 옹달샘이었다.

새끼의 장腸 속 상태 알기 위해 새끼의 똥을 먹어 보는 어미 코알라
동그란 입이 옹달샘이었다. 볼수록 아름답기 그지없는 옹달샘이었다.

뻐꾸기 고물시계에게

TV 특집프로 '생태 파괴'
밤늦게까지 보다가 늦잠이 든 아침
갑자기 "너 왜 그래"
소리치는 소리가 밖에서 난다
놀라 뛰어나가 보니 화분에 심은
김기아란蘭 시들어가는 것을 보고
아내가 하는 소리가 아닌가

'옳거니 식물을 보고도 너라 부르면 될 것 같다
이 세상에 그는 없다. 식물 동물 흙 물 공기—
너희들이지 그들, 그것들은 아니다
너희들 없으면 나 없다. 한순간도 없다
결국 너는 나, 중얼대며 다시 자리에 와 눕는데
"뿌리는 멀쩡하네" 아내의 혼잣말 소리가 들린다

뻐꾸기 고물시계 같은 소리!

갑자기 안쓰러운 생각이 들어

사랑방 고물시계가 안방 고물시계에게
한마디 한다

“사랑하는 뻐꾸기 고물시계야
시간 안 맞아도 좋다. 가기만 해라
소리 곱지 않아도 좋다. 멈추지만 마라”

늦가을 누이에게

모과도 향이 되는 계절이다
빛 좋은 개살구도
'빛' 떼어 버리고
노란 참살구가 되는 계절이다
땡감도 서리를 먹고
속이 곱게 물러
홍시가 되는 계절이다

누이야, 성형수술 잘못된 것
이제 희극의 한 소절쯤으로
생각해 보는 것이 어떻겠느냐

십 년간 빗장 건 우정도
빗장 확— 풀고 곰삭은 새 정으로
이어 가 보는 것이 어떻겠느냐

높아진 하늘 차운 햇볕에
화장 지우고 있는 가랑잎에서도

앞서 간 언니의 엽서 한번
읽어 보는 것이 어떻겠느냐

발효되는 것은 다 아름답다

낯익은 신곡新曲들
국경 넘는 신곡神曲들
곡曲 아닌 곡穀이 없네
곡曲 아닌 곡谷이 없네

발효되는 것은 다 아름답다
미움이 발효되어 사랑이 된다
싸움이 발효되어 평화가 된다
단심丹心이 발효되어 백일홍이 된다

이 세상 최고의 술은
아름다움이 누룩인 술

이 술은 썩지가 않는다

바다의 소금이 썩지 않듯
꽃 속의 꿀이 썩지 않듯

의치義齒 낀 아우에게

아우야, 의치
꼭 나쁜 것 아니다
좋은 점도 많다

콜레스테롤 많이 든
질긴 등심 절로 싫어지더라
등 푸른 연한 생선 절로 좋아지더라
야채 과일 자연히 많이 먹게 되더라

룸살롱 아가씨, 의치義齒 때문에
빼앗긴 것 잘된 일이더라

이 닦기 싫어하는 아이에겐
큰 희소식이더라. 틀니
세척제 클리덴트에 담가 놓으면
밤새 밤이 깨끗이 깨끗이 닦아놓더라

의치義齒 옳게 알고 써라
의義의 첫 번째 뜻은 '옳을 의' 이다
두 번째 뜻이 '해 넣을 의' 이다

토인비 형님에게

〈심연 담연潭淵에서 비롯한 불이
지중해를 거쳐 대서양을 지나
미국을 돌아 태평양을 건너 마침내
극동 삼국에 높이 솟아오른다
일본열도엔 선禪 큰 사랑이 솟고
한반도엔 홍익인간 참-결이 일고
중국 대륙엔 중화의 평화탑이 세워지고
명실상부한 새 문명의 중심지 Golden Bowl
세계의 두뇌들이 이리로 몰려온다
세계의 가슴들이 이리로 몰려온다
세계의 미인들이 이리로 몰려온다

반목과 시기 불신은 모두 어디로 갔는가
철학과 예술이 손을 잡고 춤을 추네
종교와 과학이 손을 잡고 합창을 하네
석가 예수 공자 노자 마호메트 브라만이
'형님 먼저' '아우 먼저' 축배를 드네
그 많은 외교 마찰들은 모두 어디로 갔을까

시 화 음악이 새 외교 주역들이 되어
국경선에선 매일 새로운 꽃이 피어나고
서로를 무등-태워 주는 듯 동서남북의
넓은 어깨 위엔 웃음소리가 끝이 없네
가장 큰 웃음소리는 하늘의 웃음소리!
"오늘을 기다리고 또 기다렸노라"
장중하면서도 따뜻한 아 저 소리.
새벽 세 시면 깨는 나의 불면증도
이젠 불면증이 아니다
이 글 쓰라고 그분이 깨우시는 것〉

토인비 형님, 간밤에 나 이런 꿈을 꾸었소
너무나 생시 같은 꿈이었소. 꿈속에서도
무릎 꿇고 앉아 '이 꿈, 꿈 아니기' 를
간절히 간절히 기원했소

유자씨에게

귤과 탱자 사이의 소생이라고도 하고
선녀와 신농神農씨 사이의 딸이라고도 하는 유자柚子씨

작은 몸집이지만 사랑과 정을 한 보자기에 싸안고
거센 바람 껴안는 품이 예사롭지 않네요

바른쪽 허벅지에는 포도당 탱크가 탱탱하고
왼쪽 허벅지에는 소각장 불이 활활 타고 있는
내 사랑 아 유자씨

〈봄여름엔 연초록 진초록 그저 푸르기만 하더니
꿀 이슬 솟는 가을이 되자 무례한 아이들
함부로 덤빌세라 성처녀 가시 옷을 입고
금빛 향 키우는 모습이 아 참으로 아름다워라〉

어느 시인의 그대 송頌 읽다가 그대 속
가만히 열어 보니 과연 과연果然이네요

시인 김동호 金東壺 (본명: 김익배/ 金益培)

1934년 충북 괴산 출생
성균관대 영문과 졸업
1975년 『현대시학』으로 등단
성균관대 영문과 교수 역임

시집: 『시산詩山일기』 『노자의 산』 『나는 네가 좋다』 『호호壺壺의 집』
『나의 뮤즈에게』 『오현금五絃琴』 등
수상: 성균문학상 · 시인들이 뽑는 시인상 · 군포문학상

E-mail: kimdongho66@hanmail.net

낙엽이 썩어 암실은 총천연색

지은이 | 김동호
펴낸이 | 김재돈
펴낸곳 | 도서출판 시와시학
1판1쇄 | 2010년 10월 30일
출판등록 | 2010년 8월 10일
등록번호 | 제2010-000036호
주소 | 서울 종로구 명륜동1가 42
전화 | 744-0110
FAX | 3672-2674

값 8,000원

ISBN 978-89-953432-4-1 03810